LA POLITIQUE AGRICOLE

DISCOURS

Prononcé au Comice Agricole de Lyon

le 23 Août 1891

PAR

M. Edouard AYNARD

DÉPUTÉ DU RHONE

LYON

IMPRIMERIE ET LITHOGRAPHIE J. GALLET

2, RUE DE LA POULAILLERIE, 2

1891

LA
POLITIQUE AGRICOLE

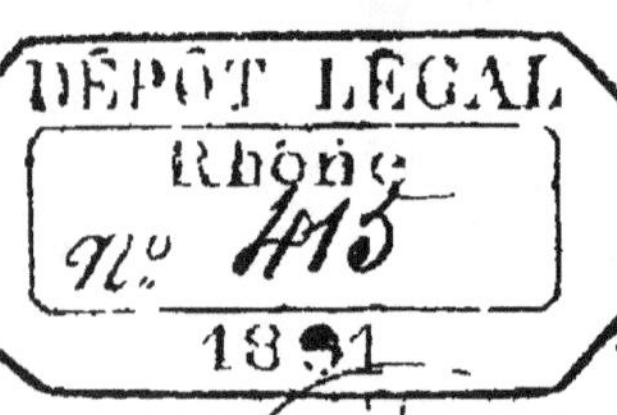

DISCOURS

Prononcé au Comice Agricole de Lyon

le 23 Août 1891

PAR

M. Edouard AYNARD

DÉPUTÉ DU RHONE

LYON

IMPRIMERIE ET LITHOGRAPHIE J. GALLET

2, RUE DE LA POULAILLERIE, 2

1891

LA POLITIQUE AGRICOLE

DISCOURS

Prononcé au Comice agricole de Lyon le 23 août 1891

Par M. Edouard AYNARD

Député du Rhône

Messieurs,

Chers Concitoyens et chers Collègues,

Je crois qu'il est difficile de trouver un président plus aimable et au cœur plus large que l'honorable M. Chassaignon. J'ai assisté à bien des banquets dans ma vie, je ne dirai pas toujours avec un nouveau plaisir, mais aujourd'hui c'est avec une réelle joie. Je n'ai jamais entendu porter autant de santés et je n'ai jamais vu assistance les accueillir avec une telle bonne grâce et un tel entrain. Messieurs, je vous en félicite ; il paraît que vous êtes dans un milieu spécial où tout le monde s'aime et se le dit.

Je me découvre devant vous, car vous représentez
ainsi une humanité charmante. J'ai remarqué cependant, qu'à un seul moment votre bonne humeur et
votre bonne grâce vous avaient fait défaut, c'est
lorsque l'honorable M. Chassaignon a parlé de sa
retraite.

Je déclare qu'à cet instant des murmures...
presques inconvenants... se sont fait entendre.
(*Bravos et Rires*).

Je m'y suis associé moi-même — malgré qu'on
croit à la courtoisie parlementaire, — et j'avoue
qu'au fond j'étais encore plus étonné que je ne le
paraissais lorsque M. Chassaignon a parlé de sa
retraite. Mais, Messieurs, on parle de sa retraite
comme de sa mort... pour rire, et j'espère bien que
malgré tout son sérieux, M. Chassaignon n'a pas
trop voulu que vous le preniez au sérieux dans sa
résolution. Nous entendons le garder et nous le
garderons. (*Applaudissements* !)

Evidemment, Messieurs, nous sommes tous trop
imbus de notre mérite personnel pour ne pas penser que M. Chassaignon ne puisse être remplacé ;
quant à moi, je suis assuré qu'il serait bien
malaisé de trouver un président déployant plus de
dévouement, d'activité, de conscience dans l'accomplissement de sa tâche, en y ajoutant plus de
parfaite amabilité.... Mais, Messieurs, parmi ce
déluge de santés il y en a une qui m'a intéressé
tout particulièrement. Vous devinez que c'est la
mienne. Et vraiment, j'ai été extrêmement touché
et je suis reconnaissant des bonnes paroles que

l'honorable M. Chassaignon a bien voulu m'adresser en son nom et, je l'espère, au nom de quelques autres personnes de cette assemblée. (*De toutes parts : tout le monde*).

Je suis très attaché au Comice agricole de Lyon. J'ai dit en public combien je ressentais vivement l'honneur qu'il m'avait fait, en me nommant l'un de ses présidents d'honneur et je lui prouverai mon attachement en m'appliquant de mon côté à tout ce qui l'intéresse, c'est-à-dire aux intérêts de l'agriculture. (*Bravos*).

Pour vous dire comment je comprends vos intérêts, permettez-moi de reprendre, pour ainsi dire, le fil de mon discours de l'année dernière. L'honorable secrétaire de votre Comice, qui est en face de moi, aurait bien dû me le communiquer ; j'aurais voulu avoir sous les yeux les paroles que je vous ai adressées l'an passé, afin de ne pas vous dire toujours la même chose. Quoique, quand on ne pratique pas la politique facile des opinions successives, quand on se tient fermement aux mêmes croyances, c'est impossible, du moins bien difficile, de ne pas dire toujours la même chose. Je vous avais parlé, je crois, de l'union nécessaire qui devait exister dans le département du Rhône entre l'agriculture et l'industrie.

Eh bien ! Messieurs, depuis que j'ai eu le plaisir d'être assis l'an dernier à votre table, que s'est-il passé ? Il y a eu de très grandes discussions économiques à la Chambre, les plus grandes peut-être de notre époque, dans lesquelles j'ai eu l'honneur de prendre la parole. (*Bravos*).

Qu'avais-je promis, Messieurs? car je suis au milieu, non seulement de mes amis du Comice agricole de Lyon, mais de beaucoup de mes électeurs, de beaucoup d'hommes qui ont eu confiance en moi. — Encore une fois, qu'est-ce que je leur avais promis ?

Je m'étais présenté, aussi bien en politique générale qu'en politique économique, comme un homme modéré et j'ai dit que si je pouvais avoir pour l'avenir de ce pays, pour moi-même, une foi profonde dans la liberté économique la plus large, je ne pensais pas à ce point de vue politique qui est toujours borné et relatif, que cette liberté économique presque totale pouvait être appliquée en France en l'état actuel des esprits. Par conséquent, je vous ai promis de me rallier à la politique du *statu quo,* c'est-à-dire de ne rien changer en matière douanière à ce qui avait permis à la France de prospérer, malgré que des droits élevés eussent été accordés à l'agriculture depuis 1885.

C'est cette politique d'attente que j'ai soutenue à la tribune, Messieurs, elle n'a pas triomphé. Peut-être cela satisfera-t-il un certain nombre de personnes d'entre vous, car non seulement on a été au-delà de la politique modérée dont j'étais le serviteur, mais au-delà de ce que demandait le Gouvernement lui-même, et on a voté des droits qui constituent un relèvement considérable et des entraves à nos relations nécessaires avec l'étranger.

Messieurs, permettez-moi de vous le dire très franchement, je ne suis pas l'homme de deux visages, j'ai toujours dit ce que je pensais, je vous apporte le témoignage de ce que j'ai vu pendant ces grandes luttes parlementaires.

D'une part, il y avait l'agriculture, de l'autre l'industrie.

Du côté industriel nous avions le spectacle des industries se combattant entre elles ; les unes voulaient accabler les autres de droits ; un grand nombre résistaient au contraire et demandaient la liberté. En un mot, il y avait des industriels très libéraux, des industriels modérés dans leurs réclamations, et enfin des ultra-protectionnistes.

Du côté agricole, ce spectacle changeait absolument. Par suite d'une politique de concentration impérieuse à l'habileté de laquelle je rends hommage, il semblait qu'il n'y eut absolument qu'un intérêt dans l'agriculture française. On faisait croire par exemple, que l'agriculture de la Beauce, qui est le grenier de la France pour le blé, avait les mêmes intérêts économiques que l'agriculture du Rhône qui est une agriculture de petits propriétaires, éminemment divisée, qui va depuis l'horticulture, le maraîchage, les fruits et le vin jusqu'aux productions du fourrage, du blé et du bétail, mais en quantités qui ne lui permettent pas de s'alimenter par les propres forces de sa production. Il n'y a donc rien de plus faux que cette prétendue unité d'intérêt agricole. Les intérêts du Nord, et ceux du Centre de la France qui produisent le blé dont le Midi se nourrit en partie ne sont pas les mêmes ; il y a dans l'agriculture nationale, la même diversité d'intérêts que dans l'industrie, nous devons y trouver des intérêts qui ne sont point uniformes et on ne saurait courber tous les agriculteurs sous la même opinion absolue. Il faut d'autant plus se défier de l'absolu, en cela comme en tout autre chose, que le temps n'est pas éloigné de nous où les libres-échangistes formaient la majorité dans l'opinion agricole.

Permettez-moi à ce propos de vous rappeler un souvenir personnel du Congrès de la Société des Agriculteurs, qui a eu lieu à Lyon en 1869. — J'ai été secrétaire de ce Congrès. — C'était M. Drouyn de Luhys, homme éminent, qui présidait. Il était entouré des hommes les plus marquants de cette grande Société des Agriculteurs de France. Quand ces Messieurs vinrent à Lyon, nous leur dîmes — comme dans la fable, — il faut montrer patte blanche, ou nous n'ouvrirons pas, c'est-à-dire que nous voulûmes à Lyon, nous assurer qu'ils étaient libéraux en matière économique. Ils nous répondirent, presque avec indignation, qu'il n'y avait que des libéraux dans la Société des Agriculteurs de France, et maintenant les mêmes hommes professent ardemment les opinions les plus opposées. Il ne faut point s'en étonner, il ne faut trouver dans ces contradictions, que matière à professer un peu d'indulgence les uns envers les autres.

Tout ce que je voudrais faire pénétrer dans votre pensée, c'est que cette uniformité de vues est un peu despotique et ne répond pas à la nature des choses, ne reflète pas l'étonnante variété des intérêts.

Et c'est ainsi que dans le département du Rhône qui vit de la vie même de Lyon, d'une des métropoles du travail français, où la culture est divisée en petites propriétés, les intérêts ne sont pas les mêmes qu'ailleurs. Quel est donc cet intérêt ! C'est celui que j'ai proclamé à Neuville, c'est la modération dans les droits, parce que notre agriculture a contracté une union indissoluble avec ce Lyon qui est la fortune du département et l'honneur du travail français. (*Applaudissements*).

Eh bien ! il ne faut pas, par des droits gênant trop la production et la consommation lyonnaise porter atteinte à ce qui est notre gloire et l'honneur du grand marché français, et qui répand en même temps beaucoup de travail dans nos campagnes. Et veuillez remarquer, Messieurs, combien dans le même département les intérêts sont différents.

Je crois qu'il y a peu de personnes ici qui appartiennent à l'arrondissement de Villefranche. Dans cet arrondissement, les intérêts ne sont pas tout à fait les mêmes que ceux de l'arrondissement de Lyon. Pourquoi ? Parce que l'arrondissement de Villefranche est plus spécialement voué à la production du vin. Il y a bien des industries à Villefranche, à Tarare, mais on ne peut comparer ces industries à l'industrie de Lyon. De la sorte, et si on les considère d'une manière un peu exclusive, les intérêts de l'arrondissement de Villefranche seraient moins étroitement unis que les nôtres au sort de l'industrie lyonnaise. Si je relève cette nuance, c'est pour montrer combien dans chaque département, il faut faire une étude spéciale de chacun des intérêts et combien ils se ressemblent peu. Vos intérêts à vous, sont ceux de cette grande ville qui a besoin de la liberté, non seulement pour son industrie principale de la soierie, mais encore pour toutes ces nombreuses et grandes industries accessoires : constructions mécaniques, pâtes alimentaires, produits chimiques, mégisseries, tanneries, qui, par un phénomène unique, constituent un vaste ensemble de travailleurs industriels vivant tous en grande partie de l'exportation.

Et quand je défends les intérêts de la politique modérée, est-ce que je ne défends pas la politique qui a été adoptée par le Comice agricole de Lyon et par ceux qui dirigent les autres institutions agricoles du département, qui ont fait preuve de la plus grande intelligence et que je remercie au nom de la population lyonnaise ?

Quand ils ont organisé, l'an dernier, au Palais du Commerce cette grande réunion des Syndicats agricoles du Sud-Est où ils ont réclamé la franchise des soies, ils ont compris cette union entre Lyon et le département, ils ont rendu un grand service à l'industrie lyonnaise et à votre agriculture, on ne saurait assez leur en montrer de reconnaissance. (*Applaudissements*).

Je pense donc, Messieurs, qu'il faut que vous

gardiez votre autonomie, votre indépendance ; que vos associations agricoles s'appliquent à penser par elles-mêmes, à observer ce qui se passe en dehors d'elles, voir ce qui est leur intérêt et ne pas suivre sans contrôle ceux qui ont intérêt à ce que vous les suiviez.

Veuillez encore réfléchir sur cette autre particularité. Je vous disais que la production agricole du Nord et du Centre, mise en regard de celle de nos régions et du Midi, était tellement dissemblable que les intérêts ne sauraient être identiques. Il y a encore une autre cause de divergence. C'est également dans ces régions, dont les intérêts agricoles ne sont pas les mêmes que les vôtres, que se trouvent placées les industries qui vous fournissent les principaux objets que vous consommez. C'est surtout des 'régions du Nord, Nord-Est et Nord-Ouest, que viennent les étoffes de coton et de laine qui font vos vêtements, le fer de vos outils, le sucre et l'alcool que vous consommez ; et en même temps que ces régions profitent plus que vous des droits sur les blés et le bétail qu'ils produisent en plus grandes masses, elles profitent encore de tous les droits sur les produits industriels que je viens d'énumérer et qu'elles vous vendent. Ces grands industriels du Nord et de l'Est, qui paraissent tant aimer l'agriculture, sont ceux qui autrefois trouvaient très bon qu'on protégeât leurs produits et qu'on ne protégeât pas l'agriculture qui devait leur livrer leurs denrées à bon marché et acheter cher leurs objets fabriqués. Maintenant on veut rétablir l'équilibre ; mais n'oubliez pas, Messieurs, qu'au fur et à mesure que ces industriels consentent à voter des droits pour vous, c'est à condition qu'on leur accorde de nouveaux relèvements sur ce qu'ils fabriquent, et de cette façon cet équilibre chimérique n'est jamais obtenu et vous êtes toujours leurs tributaires. Il y a donc, non seulement une agriculture qui est plus favorisée que la vôtre, mais il y a encore une industrie, qui n'est pas celle de nos régions, qui est favorisée à vos dépens et aux dépens de nos propres industries. Voyez froidement où est votre profit.

Quelle est donc, en résumé, la bonne politique agricole ? Il y en a deux ; il faut choisir. L'une s'appuie exclusivement sur des droits qui dispensent de progrès et appauvrissent le consommateur ; l'autre, tout en admettant des droits modérés, met surtout sa confiance dans la science.

Je suis bien assuré que c'est la politique de ces agriculteurs éclairés du Comice agricole de Lyon et du Rhône. L'Agriculture du Rhône a su, dès les premiers moments, accepter tous les progrès. Vous n'êtes pas, vous qui avez livré un magnifique combat contre les plus terribles fléaux, comme ces Champenois qui s'insurgent parce qu'on veut traiter les vignes contre le phylloxéra, comme ces Tourangeaux qui ne veulent point employer le sulfate de cuivre contre le mildew. Vous êtes les hommes qui ont compris que les moyens scientifiques doivent être employés. Vous avez confiance dans la science agricole, dans cette science où le génie des Dumas et des Pasteur, a plus fait pour l'agriculture que tous les droits du monde, il ne faut jamais l'oublier.

Quel est donc le premier article du programme de progrès agricole ? Qu'on développe l'enseignement ; qu'on mette à la portée de l'agriculteur tous les renseignements désirables, qu'en définitive on fasse de l'agriculteur ce qu'est l'industriel, c'est-à-dire un homme instruit et informé. Si l'industrie a progressé c'est qu'elle a eu confiance dans la science et qu'elle s'est tenue constamment au courant des progrès de ses rivales ; si l'agriculture emploie les mêmes moyens, elle progressera de la même manière.

Demandons donc sans cesse au Gouvernement d'instruire et de renseigner l'agriculture.

Il y a une grande République — la plus grande, avec la République française — la République des Etats-Unis qui a créé un admirable office de renseignements agricoles, elle informe les cultivateurs américains d'une façon vraiment merveilleuse et elle leur a ainsi permis de faire les plus grands progrès.

Un autre moyen de progrès, c'est la création du crédit agricole. Depuis que je suis au monde, j'en entends parler ; on le prône, on le proclame, et on ne le fait pas. Pourquoi ? Parce qu'on n'en a pas compris les véritables conditions.

Le Crédit agricole n'est pas quelque chose de différents des autres crédits.

Le Crédit agricole ? c'est le crédit. Il ne change

pas de nature, pour l'agriculteur, il est le même que pour le commerçant. Il y a quelque chose dans le monde doué d'un flair merveilleux, c'est l'argent. Lorsqu'il y a un agriculteur intelligent, sachant faire ses affaires et le montrant, l'argent des autres ou le crédit ne lui manque pas. Où il manque c'est lorsqu'on ne sait pas le faire fructifier. On aura beau créer sur le papier tous les Crédits agricoles possibles, si vous ne créez pas en même temps des agriculteurs connaissant les moyens de faire fructifier leurs terres, le crédit agricole n'existera pas ou sera ruineux pour celui qui l'accordera comme pour celui qui l'emploiera. L'usage du crédit agricole se lie étroitement à la question de l'enseignement agricole. Ce n'est que dans une agriculture instruite et avancée qu'on peut organiser le crédit.

Quels autres moyens pourraient encore aider au développement de l'agriculture ? c'est l'association sous diverses formes, c'est aussi la Représentation agricole.

Messieurs, vous avez déjà fait de grands progrès au point de vue de l'Association. — Je suis un vieil ami des Associations agricoles. Dans ce Congrès de 1869, dont je vous parlais tout à l'heure, je réclamais déjà les associations agricoles.

Vous avez fait de très grands progrès dans l'association sous la forme de syndicats, je ne parle pas des comices qui vont toujours en se perfectionnant, je parle des syndicats agricoles qui se sont répandus partout. Il y en a plusieurs dans le département du Rhône. Messieurs, comme je le disais à votre distribution des prix, on serait vraiment trop heureux ou trop incapable si on était aimé de tout le monde, si on n'avait pas quelques contradicteurs, eh bien, ces honorables contradicteurs me contraignent de m'expliquer devant vous sur les syndicats agricoles, car on a prétendu que j'avais médit d'eux ! De ce côté je n'ai point de bonheur, car il se trouve au contraire qu'un seul député a été amené à parler des syndicats agricoles à la Chambre ; c'est votre serviteur.

J'en ai parlé trois fois et chaque fois avec les plus grands éloges. Lors de la discussion de la loi sur les syndicats professionnels j'ai apporté l'exemple de vos syndicats agricoles mixtes, et j'ai dit qu'on ne saurait en trouver de plus beau. J'en ai parlé dans la discussion générale des lois de douane avec la même sympathie. J'ai encore eu l'occasion d'en parler une troisième fois.

J'ai l'honneur d'être rapporteur d'un projet de loi sur les caisses d'épargne. Mon ami, M. Dumond, qui est ici présent, est un homme compétent sur ce point. Directeur de la Caisse d'épargne de Lyon, administrée d'une manière si intelligente et si ouverte aux idées les plus larges, M. Dumond ne me démentira pas — il m'a assez aidé de ses conseils, de ses lumières pour qu'il m'assiste encore — lorsque je constate qu'il va beaucoup trop d'argent de l'Agriculture dans les caisses d'épargne.

Avec plusieurs de mes amis, j'ai alors eu la pensée de faire revenir une partie de cet argent de l'agriculture, à l'agriculture elle-même. La loi en préparation permet que dans des conditions spéciales et avec les garanties les plus sérieuses, la caisse d'épargne puisse faire des avances aux agriculteurs syndiqués. Je ne dis pas que ce sera facile en France, ce serait un bien beau progrès. Ce n'est point chimérique ; ce qui a donné des remarquables résultats en Allemagne, en Italie, pourrait aussi bien en donner en France ! Ce serait un des procédés les plus sûrs pour procurer de l'argent à bon marché aux agriculteurs et pour fonder enfin ce fameux crédit agricole toujours en gestation.

Voilà donc, comment j'ai combattu les syndicats agricoles ! Deux fois en en faisant l'éloge et une troisième fois en m'efforçant de leur faire conférer par la loi une puissance de crédit qui n'a été conférée jusqu'à présent à aucun autre genre d'associations. (*Bravos répétés*).

Pourquoi ai-je donc trouvé ces contradicteurs si mal informés de mes actes? Ah ! c'est qu'il y a diverses sortes de syndicats agricoles. Il y en a de nombreuses variétés. Il y a des syndicats agricoles qui s'occupent de choses bien différentes — je ne parle pas des syndicats du Rhône, mais des syndicats qui se répandent sur la surface du pays — j'ai distingué au moins trois espèces de syndicats.

Le premier genre semble se livrer à une singulière culture, il paraît cultiver ce que j'appellerai une mauvaise herbe, qui ne doit pas avoir sa place dans l'agriculture, c'est la politique. Il y a des syndicats qui labourent, sèment, hersent le champ de la politique pour y faire germer des candidats. (*Hilarité et bravos*). Je vous avoue, et vous pouvez peut-être penser, que ce sont des syndicats agricoles qui ne comprennent pas bien la politique agricole, mais qui doivent comprendre admirablement celle qui leur est personnelle.

Le second genre, c'est un genre mixte, c'est-à-dire où l'on fait beaucoup et parfois trop de choses. Par leur extension ils rendent des services à leurs membres, mais enfin eux aussi s'occupent trop des affaires générales et étendent trop leur sphère d'action ; ils risquent d'y trouver l'impuissance.

Et enfin, une troisième sorte de syndicat agricole que j'appellerai le syndicat type, le syndicat modèle qui ne s'occupe que des affaires de l'association, qui ne se mêle ni des affaires générales, ni de politique, pas même de la politique économique, parce que quand il fait cela il fausse sa voie. C'est ce syndicat agricole que je salue, car il représente vraiment ce que doivent être ces associations puissantes, soit pour acheter des engrais et des insecticides, soit pour acquérir des machines agricoles en commun, soit pour accomplir ou encourager l'exécution des travaux d'intérêt commun. Voilà la véritable fonction et l'avenir des syndicats agricoles. C'est le véritable syndicat agricole et je ne serai démenti par personne dans cette assemblée de gens de bon sens, en disant que c'est celui-là dont nous devons souhaiter le développement. (*Approbation.*)

Maintenant, pour compléter cet exposé très rapide de ce que je crois être une bonne politique dans l'intérêt de l'agriculture, j'ajouterai quelque chose qui vous touchera tous, c'est ce qu'on peut faire de réel, de tangible pour ainsi dire, en faveur de l'agriculture, dans la voie des dégrèvements.

Messieurs, je n'aime pas prononcer ce mot de dégrèvement, parce qu'il ne faut jamais le prononcer sans être sûr qu'il puisse se faire sans dommage pour le pays.

On prononce ce mot volontiers pendant la lutte électorale où les promesses comptent peu et ne coûtent guère ; mais des hommes qui se respectent, qui ont le souci des affaires publiques, ne doivent parler qu'avec crainte du mot de dégrèvement, parce qu'il entraîne de grands maux quand il est mal opéré, et on ne serait pas bien avancé si après avoir effectué un dégrèvement intempestif on était obligé de recourir à de nouveaux impôts.

Je suis un peu financier. Il est incontestable que nos finances publiques se relèvent ; la crise grave qu'elles ont traversée paraît terminée ; depuis 1887, de grandes améliorations se sont produites, et on peut dire que le budget de 1892 donne de nouveau une grande idée des forces financières de la France. Si on ne peut parler encore de dégrèvements, le mot est impropre, on peut parler au moins de remaniements d'impôts qui seraient à l'avantage de l'agriculture.

Ces réformes d'impôts pourraient s'opérer sur deux points : sur les droits de partage dans les

petites successions et sur les boissons dites hygiéniques, c'est-à-dire principalement sur le vin.
Il est absolument scandaleux que dans une démo-
cratie on laisse subsister des lois qui dépouillent
vraiment le petit cultivateur lorsqu'il fait une suc-
cession, un héritage ; ces lois permettent la ruine
de la petite propriété. (*Acclamations*).

Lorsqu'un malheureux père de famille meurt
après avoir travaillé avec l'ardeur et la constance
d'un agriculteur français, s'il laisse une maison
ou un champ en héritage à ses enfants, si cet
homme a créé, pour le bien du pays, une nom-
breuse famille, son pauvre héritage peut dispa-
raître dans le partage légal des immeubles. Si il
a laissé quelques centaines de francs, il n'en res-
tera pas un centime. Que le fisc et l'homme de loi
viennent et ce petit héritage sera dévoré légalement. (*Bravos*).

Eh bien ! Messieurs, je vous le déclare, toute
cette année, l'année dernière déjà, n'a pas été em-
ployée inutilement par la Chambre, elle a eu de
rudes labeurs et je rends justice à mes collègues.
Les questions de douane nous ont occupés et nous
ont causé un travail infini. Mais l'année prochaine
lorsque le terrain parlementaire sera déblayé de
ces grandes questions, cette loi de réforme pour le
partage des immeubles dans les petites successions
est une de celles qui s'imposent. Il est temps qu'on
mette un terme à une iniquité légale.

Cette loi viendra, je l'espère, de l'initiative du
Gouvernement. Sinon, je m'engage volontiers de-

vant vous à en déposer le projet en y associant le plus grand nombre possible de mes collègues. (*Applaudissements*).

Maintenant, mon honorable ami, M. Joannard, me fait observer que j'ai oublié de vous parler de quelque chose que je me suis borné à énoncer.

Je vous demande pardon, je suis obligé de revenir un moment en arrière, — j'allais vous entretenir de l'autre dégrèvement à poursuivre dans l'intérêt de l'agriculture, — mais il faut que je m'explique auparavant sur ce qui est tant désiré par les agriculteurs intelligents, c'est-à-dire sur la Représentation agricole.

Je vous ai dit déjà quelle était l'importance que j'attachais à une représentation agricole, et je ne voyais pas de raison pour laquelle on pourrait refuser à l'agriculture la représentation qui est accordée au commerce et à l'industrie par les chambres de commerce. Les chambres consultatives d'agriculture, quelque respectables qu'elles soient, ne remplissent qu'imparfaitement leur but. La Chambre consultative d'agriculture du Rhône existe, mais elle ne s'est jamais réunie. Nous pourrions demander à l'honorable M. Gravier, ici présent, de transmettre au Préfet le vœu de cette assistance qui est un peu angoissée de voir qu'il y a une Chambre d'agriculture dont elle n'entend pas parler ; on se demande si cette Chambre est morte, avant d'avoir vécu. (*Rires et bravos*).

Eh bien ! je le répète la représentation agricole est une chose désirable qui doit être exigée par l'agriculture. Diverses propositions, divers projets de loi sont déposés à la Chambre et plusieurs d'entre vous savent que je me suis rendu auprès des commissaires de ces lois pour les prier de hâter leur travail et les amener à la discussion. Messieurs, nous parlons des affaires publiques et nous n'avons pas à nous gêner pour dire la vérité. Je vous ai parlé de ce niveau que l'on voulait faire passer sur l'agriculture tout entière, de ces opinions uniformes qu'on veut lui imposer. Cela se fait plus aisément au moyen de grandes sociétés agricoles dont je n'ai pas besoin de vous dire les noms et qui disposent de moyens considérables et ne sont pas disposées à abandonner leur pouvoir. Ce que j'ai vu de plus clair, c'est qu'au Parlement, ce sont ceux qui mettent volontiers la main sur leur cœur quand ils parlent de l'agriculture, qui se disent ses plus chauds amis, qui retardent la discussion de cette loi, parce que, quand il y aura une véritable représentation agricole en France, ils ne seront pas aussi sûrs de régenter l'opinion publique.

Dans le Rhône, les associations et syndicats agricoles, qui sont conduits d'une manière libérale et sage, qui n'ont pas ces prétentions à l'autocratie qu'on observe autre part, ont très bien vu les avantages de la représentation agricole, et ce sont ceux qui les dirigent qui m'ont invité, en les termes les plus pressants, à chercher tous les moyens de hâter les discussions de la loi qui établirait cette représentation. A ce sujet, vous avez été admirablement servis et j'ai plaisir à trouver l'occasion de faire l'éloge très vif et très sincère, d'un homme qui n'est pas de mon opinion sur tous les points, mais que je respecte et que j'estime infiniment, c'est M. Emile Duport, homme d'un très grand talent, d'une grande énergie et d'une grande persévérance, Messieurs, je me découvre devant lui comme devant un véritable ami des agriculteurs.

Je reprends maintenant le cours de mes observations.

Je vous ai dit qu'il y avait un autre dégrèvement ou remaniement d'impôt que, en toute prudence financière, on pouvait proposer à l'agriculture et qui possède cela d'excellent, de merveilleux, qu'il profitera en même temps à l'agriculture et aux autres. Je n'ai pas d'esprit de classe, de spécialité, je cherche toujours ce qui peut, par mesure légale, profiter à tout le monde. Quand on a l'honneur de représenter son pays il faut se souvenir de l'intérêt de ses électeurs, mais il ne faut pas oublier l'intérêt général qui est celui de la France. (*Bravos*). On trouve heureusement ce caractère d'intérêt particulier et d'intérêt général dans le dégrèvement des droits sur les vins.

Une voix. Il n'y en a pas.

M. Aynard. Vous en aurez, peut-être trop. Je vous le souhaite, dans tous les cas.

Je reviens à la question.

C'est le dégrèvement du vin. C'est la fameuse réforme de l'impôt des boissons.

Eh bien ! cette réforme est dès à présent proposée par le budget de 1892. Je m'empresse de vous dire,

Messieurs, ne sachant pas faire naître de vaines espérances, qu'elle n'aboutira pas avec le budget ; du moins c'est ma conviction.

Il est mauvais de proposer de grandes réformes à propos du budget. Le budget c'est une loi de finance, c'est la règle à établir pour nos recettes et nos dépenses, ce n'est point le moyen de bâcler d'autres lois à la hâte. Quand on greffe de grandes lois sur le budget, on s'expose à ne pas faire de bonnes lois ou bien à ne pas aboutir. C'est le second cas qui se présentera probablement pour la réforme des boissons cherchée par la voie budgétaire : on n'aboutira pas.

Mais c'est une de ces réformes qui sont dans l'air, qui sont commandées par le sentiment public, par l'intérêt du consommateur aussi bien que par l'intérêt de l'agriculture. Comment faire cette réforme ? Et pourquoi n'aboutira-t-elle pas avec le bubget ? Parce qu'à mon avis, elle est demandée d'une manière hâtive et dangereuse ; on propose de supprimer l'impôt sur les vins, les bières, les cidres, et de le remplacer en augmentant la licence du marchand de vin, du débitant, et en augmentant les droits sur l'alcool.

Je considère que ce projet qui est ingénieux au premier abord, comme tous les projets radicaux, peut être dangereux pour nos finances.

D'abord, on ne peut pas surcharger l'alcool indéfiniment. Je ne suis pas un grand ami de l'alcool et, en bon français, je suis plutôt l'ami du vin. (*Rires*). Mais il ne faut pas oublier, Messieurs, que d'un jour à l'autre, des calamités peuvent menacer la nation et dans une gêne fiscale, on aurait comme moyen principal la surélévation des droits concernant l'alcool. Nous lui demandons 156 fr. et l'Angleterre, par exemple, va jusqu'à l'imposer de 450 fr. l'hectolitre. C'est une précieuse ressource pour le cas où les finances françaises, par un désastre quelconque, pourraient être compromises. Il vaut mieux se rallier à une combinaison mixte qui ne demandera pas tout aux mêmes moyens, par la suppression des droits sur le vin. Cette combinaison mixte vient d'être exposée avec beaucoup de force et de talent par M. Paul Leroy-Beaulieu. Oui, l'impôt sur le vin doit être à peu près supprimé entièrement, parce que, je vous le répète, aussi bien pour le vin que pour l'alcool, on ne sait pas ce à quoi l'avenir peut nous contraindre.

La commission du budget, je vous le disais, propose de supprimer l'impôt sur le vin, en augmentant les licences et les droits sur l'alcool. Or, voilà que nous recommencerions, à propos des licences, la lutte avec nos amis du Nord. Si on augmente trop les licences, tous ces habitants du Nord, qui ont un débit par vingt-cinq habitants, vont s'opposer à ce que cette loi aboutisse, parce que si le Nord ne produit pas de vin, par contre, il produit beaucoup de débitants : personnes respectables surtout au point de vue électoral. Il faut donc en tenir compte, on fera une campagne pour compromettre cette réforme ; il ne faut pas trop demander au débitant afin qu'il accepte une réforme, bienfaisante aussi pour lui parce qu'elle supprimerait le droit de détail et les vexations de l'exercice, et il ne faut pas trop demander à l'alcool dans un sentiment de prévoyance. Ce qu'on leur concèderait sur les demandes de la Commission du budget, on peut heureusement le retrouver ailleurs et arriver au même résultat.

Nous avons une ressource importante qui va nous échoir en 1893, par la conversion du 4 1/2 % français. Le taux alloué actuellement aux rentiers a été consenti pour dix ans, il expire en 1893, époque à laquelle l'Etat peut légalement faire subir aux rentes une conversion des plus légitimes, soit en les réduisant à 3 1/2 % ce qui produirait 68 millions, soit à 3 1/4 ce qui produirait 80 millions. Eh bien ! Messieurs, comme il est de simple équité, lorsqu'on est obligé de retrancher du revenu d'un certain nombre de citoyens une certaine somme, que ce soit au profit de la communauté, de la masse, il est naturel et honnête que les ressources à provenir de la conversion des rentes soient appliquées à un dégrèvement sur quelque chose intéressant tout le monde ! Ce quelque chose doit être le vin et les boissons hygiéniques. Le jour où on aura opéré la conversion, en en obtenant 68 ou 80 millions et où on aura joint cette ressource à celles proposées par la commission du budget, en ne chargeant pas trop les droits de licence et les droits sur l'alcool, on aura pu établir une combinaison qui ne blesserait aucune des règles de la prudence et qui permettra d'opérer l'une des réformes fiscales les plus légitimes et les plus fécondes qui aient jamais été accomplies en France.

Ce jour-là, pour une fois, tout le monde sera content !

J'entendais un excellent interrupteur, tout-à-l'heure, dire qu'il n'y avait pas de vin. Il n'y en a pas assez dans le Rhône, mais il y en a ailleurs. Vous n'ignorez pas que la reconstitution de la vigne dans le Midi, marche à pas de géant, que de bons esprits nous disent que dans 5, 6, 7, 8 années le Midi aura revu ses pleines récoltes. Le moment viendra ou il y aura du vin, je vous assure, et où on pourra substituer à cette abominable boisson qu'on nous sert, — je ne parle pas pour ici — cette boisson vraiment salutaire du bon vin français. Le cultivateur sera content parce qu'il vendra son vin plus cher et le consommateur aussi, parce qu'il partagera le bénéfice avec le cultivateur.

Je m'excuse, Messieurs, de m'être livré à une dissertation financière très ardue, mais je dois encore ajouter que pour que le projet aboutisse, il faut absolument l'accord de l'Etat et des villes, car si l'Etat seul dégrevait et si les villes maintenaient les droits actuels d'octroi, — ainsi à Paris, le prix d'entrée d'une pièce de vin représente la valeur du vin, — la réforme échouerait, les intermédiaires seuls en profiteraient. Je m'empresse de vous dire que si l'Etat le voulait, il trouverait le moyen de compenser le sacrifice que feraient les villes. En Belgique, on a supprimé les octrois, mais qu'a fait l'Etat? il a accordé des compensations aux communes; il perçoit en masse et répartit ensuite en détail.

La suppression totale ou partielle des droits sur les vins par l'Etat entraîne forcément, et c'est très heureux, la même suppression des droits d'octroi par les villes. Ce ne serait au reste pour les habitants des villes que la juste compensation des nouveaux droits de douane.

Voilà, Messieurs, ce que je considère comme la politique agricole efficace et pratique, pouvant donner des résultats tangibles et correspondant à votre état d'esprit qui est si particulièrement modéré.

J'espère avoir servi votre cause, et lorsque j'ai eu l'honneur de servir en même temps la cause de Lyon, j'avais, en combattant pour notre vieille cité, la persuasion que je combattais pour les agriculteurs de ma circonscription et pour le département du Rhône tout entier.

Messieurs, la politique que je proclame devant vous, celle de la modération économique, est une politique aussi excellente pour l'agriculture que pour la politique générale. La modération est une; si on la préfère, il faut l'appliquer en tout.

L'honorable M. Gravier, secrétaire général, nous rappelait tout à l'heure, nous ne pouvions pas l'entendre sans émotion et sans quelque fierté, qu'en ce moment le pays, loin des jours mauvais pendant lesquels il courbait la tête, peut relever le front, le pays se voit honoré devant le monde comme il l'a été aux jours les plus grands de son histoire.

Messieurs, à quoi doit-il cette nouvelle et belle situation devant les peuples ! Cette situation qui ne doit pas nous remplir d'une vanité banale, qui ne doit pas être pour nous un misérable appel à quelque nouveau chauvinisme, mais qui doit nous animer de cette force morale qui fait les nations grandes ; eh bien ! Messieurs, qui nous l'a value ? La modération vis-à-vis de l'étranger, la modération de notre politique extérieure. — Je n'aime pas entre Français trop parler de notre politique intérieure, mais nous pouvons parler du spectacle que donne la France à l'étranger depuis vingt ans.

Ce peuple qui a été malheureusement trop divisé par ses dissensions intérieures, quand il s'est agi de montrer sa face à l'extérieur, a toujours fait paraître celle d'un peuple uni, d'un peuple silencieux et qui sait attendre le jour de son relèvement. (*Bravos*).

Vingt ans de ce silence et de ce recueillement ont fini par forcer l'admiration et l'estime, et il recueille aujourd'hui le fruit de cette politique grave et sage que je voudrais voir également pratiquer à l'intérieur.

Cette politique extérieure en quoi a-t-elle consisté encore ? A ne pas vouloir que la troisième République se comportât comme la première, comme la seconde ; la troisième République a entendu se faire hautement respecter, mais elle n'a pas voulu imposer ses lois politiques à l'Europe. Elle n'a pas voulu faire la leçon aux autres peuples, elle n'a pas voulu, en un mot, faire de la propagande républicaine. Les citoyens de ce pays ont dit : nous voulons la République, nous saurons la défendre ; c'est notre loi, nous saurons lui obéir ; mais nous ne sommes pas des apôtres, nous ne faisons pas de propagande, nous ne faisons pas comme autrefois, nous ne voulons pas promener la République à travers le monde.

Il nous plaît à nous d'être en République, il plaît à d'autres de rester comme ils sont. Nous montrons par nos rapprochements actuels que nous savons l'accepter.

La modération dont je parlais tout à l'heure, cette réserve au point de vue de nos relations extérieures, a forcé, je le répète, la confiance des peuples, et nous assistons en ce moment, qui aura un lendemain, à un spectacle fortifiant. La France a retrouvé pleinement sa puissance, et mon désir, celui de tout bon Français, comme le vôtre, Messieurs, c'est que nous considérions sans trop d'orgueil cette lumière de nouveau projetée sur le nom français, que nous ne perdions pas notre calme, que nous appréciions l'avantage qui nous est offert, à sa valeur, mais sans l'exagérer, et que nous n'oublions plus que ces avantages politiques à l'extérieur ne peuvent être conservés que par une sage politique à l'intérieur.

C'est à toutes ces idées de modération économique et politique que je lève mon verre.

Je crois répondre ainsi à votre sentiment, à l'esprit qui anime le Comice agricole de Lyon.

C'est à ses 1.200 membres que je bois, c'est à ces braves gens, permettez-moi de vous appeler ainsi, je ne puis trouver mieux et plus juste, c'est à tous ces braves gens, unis dans l'amour de leur pays, l'amour de leur travail, dans l'amour de cette République qui doit se faire large, ouverte, pacifique, généreuse envers tous.

C'est cette République, qui est la vôtre, Messieurs, que je salue et que je veux toujours servir avec vous. (*Applaudissements répétés*).

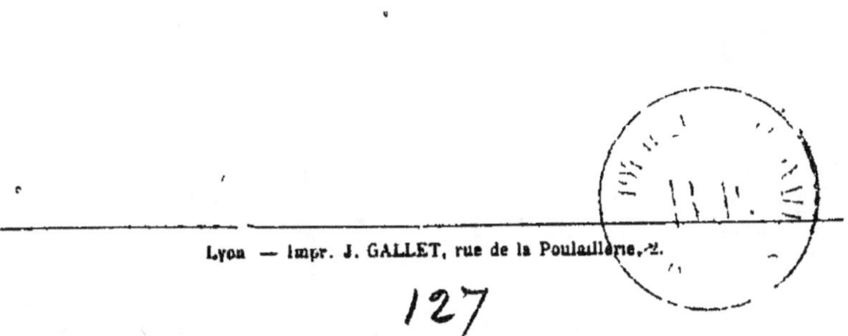

Lyon — Impr. J. GALLET, rue de la Poulaillerie, 2.